Vain tuuli tyyntyy yöksi

Teemu Paarlahti

VAIN TUULI TYYNTYY YÖKSI

Runoja pysähtymisen syksyltä

2019

Teemu Paarlahti:

Vain tuuli tyyntyy yöksi. Runoja pysähtymisen syksyltä

© 2019 Paarlahti, Teemu
Kustantaja: BoD – Books on Demand, Helsinki, Suomi
Valmistaja: BoD – Books on Demand, Norderstedt, Saksa
ISBN: 978-952-80-0770-8

lähimmille

ystäville

kirjoille

HELTEISEN KESÄN JÄLJILTÄ

Kävelen ensiapuun.

Seuraavalla viikolla minut kannetaan

samasta talosta paareilla.

Tarinankertoja tietää,

että kokonaisuuden voi valehdella,

kun yksityiskohdat pitävät paikkansa.

(teille on opetettu tämä)

Niin pysyvät

verenpaine, syke, glukoosi

 virtsaamisvaikeudet, palikkatestin tulokset

negleckt ja vitutus numerosarjan takana

paljastuakseen samalla varmuudella

kuin jurakautisen muumion pornokätkö

hänen kuolemansa jälkeen.

Kännykkä on suljettava.

Virkavaatteeni vaihdetaan sairaalan rytkyihin.

Makaan irtileikattuna

lintuemon siiven alla.

Ensin tavoitteena on,

ettei henkilötietojani siirretä

ranteesta varpaaseen.

Seuraavaksi yritän välttää katetroinnin.

Hetket toiset ulvoa hunajakuuta.

Lääkäri seisoo vuoteeni vieressä
taivaanlahja teurastajantakissa.

Hän ei jätä minua
ilman rohkaisevia sanoja.
Siunaa sillä lailla.

Vasta hänen mentyään havahdun miettimään,
juoksiko hänkin opiskeluaikoinaan
Tampere-talon ympäri alasti.

Lyttypäähommia.

Ne sanovat, että kärsin

vasemman puolen neglecktistä.

Kun hoitaja vie minua pyörätuolilla

neuropsykologille

törmäämme oikeanpuoleiseen ovenpieleen.

Neropsykologi panee minut laskemaan.

Osaan vähentää luvusta aina seitsemän.

Seuraavana päivänä lääkäri laskee

sairauslomani kuukaudella pieleen.

Toimintaterapeutti tekee testejään,

katsoo yöpöytääni ja kirjaa havainnon

sinulla on käytössä älypuhelin.

Vähän aiemmin hän on kysellyt, missä olemme

ja mikä päivä on. Nyt kannan huolta siitä,

kumpi meistä on hukannut vuosisadan.

Saatana sinuttelee.

Taivas on käytävää oikealle.

Kolmen vuorokauden vuodelevossa

ihmislapsi peittyy keijustoon.

Lääkäri antaa luvan kävellä.

Ilosanoman tuojan jalat vuorilla ovat suloiset.

Hoitaja sanoo,

että hän voi käyttää minut suihkussa.

En käytä häneen yhtään kyseenalaista ajatusta.

Hoitaja tuo aamutakin

tulee ryhdikkäämpi olo

kävelen rotsi päällä

rautatieasemalta Tuulensuuhun ja takaisin.

Läpivalaistu mies

kuvattu

kirjattu

tunnusluvut ja puristusvoima

molemmista käsistä.

Puntariin minua ei ripusteta.

Ehkä niskastani ei löytynyt

koukulle sopivaa poimua.

Testaan toiminnanohjaustani.

Tilaan puhelimella kirjan.

Saan vahvistusta sähköpostiin.

Hoitaja kirjoo vuoronsa lopuksi.

Osti verkosta ruokottoman julkaisun,

jossa oksennetaan

ja harjoitellaan itsesaastumista Turussa.

Keskittymiskyky riittää

vain alle 250-sivuisten romaanien hankkimiseen.

Paskatkin tulevat housuun.

Puhuttu vertaistuesta.

Potilaalle annettu

Avioliiton esite.

Uni ei tule yöksi,

asetu taloksi kullankuvat.

Pää huutaa burenaa.

Kysyn, onko osastolla kummitusta.

Hoitajat eivät tunnusta nähneensä

ja etsivät turhaan papereistani

tätä koskevaa diagnoosia.

Kun lähden, he saavat haamunsa.

Liian valoisan puoleni, joka etsii rauhaa

sieltä, missä sitä ei ole.

Suostuu ja sitten

suostuu vielä kerran.

55 vuotta on hyvä ikä

rakastaa itseään,

alkaa

pitää

huolta satumaapojasta.

Keskiviikkoiltapäivä.

Lähden pää edellä

> *tikapuita pitkin*
>
> *kaivoon*

testikuva vaihtuu
Hangosta Petsamoon.

Päivä liukenee hämärään.
Aavistan sinisen syveneviä sävyjä.

Minulla on ikävä
ja sinä tiedät sen.
an

Kävin viruttamassa varpaani

tuonenvirrassa.

Vesi oli helvetin lämmintä

helteisen kesän jäljiltä.

Tämän kerran kuolema tyytyi

omaan luisevaan seuraansa.

Sanat valuvat poskille

kantavat satumaapoikaa
rivit ja rivinvälit.

HEAD GAMES

Joukolla päätä särkemään!

Kaikki lauteille, on aika

maaginen ympäriajo!

Head Games.

Aamun ääniraita pilvenreunassa.

Instead of.

Pöydän takana istuu psykologi.

Pöydän siltä puolen hän tietää minusta kaiken.

Kertoo, että Jumala on

läsnä poissaolossaan.

Nipistän itseäni.

Kun hän näkee ajatukseni, hän miettii

tarkoitanko, mitä sanon

vai jotakin muuta

teoriassa.

Ottaa viisi vuotta oppia,

että ihminen on rakennettu teorian mukaan.

Siitä pois kymmenkertaisesti.

Psykologi painottaa sosiaalisen elämän tärkeyttä.

Introvertilta ei kysytä.

Hän ei Luojan kiitos kuulu joukkoon.

Päivää pastori!

Kuntoutuskeskuksen aula raikaa.

If I Had a Rocket Launcher!

Terve kaveri, 80-luvun tiedostavilta vuosilta.

Aika on piirrellä

ja aika puhua

kaikkitietävälle seinälle.

Rutto, kirous,

turhaksi tekevä tieto.

Mitkä ikinä

ihmistä koettelevat

rippikoulun ulkoläksyt,

englannin lukematta jääneet sanat.

Iltapäivän mustat hetket

kulmioiden kääntelemisen jälkeen

Nässyn puhe

ettei se minusta huoli.

Oletko aina ollut noin puhelias?

Hukkuva tarrautuu kortteenpätkiin,
minä sanoihin.

Niiden kimppuun he nyt käyvät
vasaroilla ja sirpeillä
 huiskivat sitä, mitä luulen ehjäksi.

Pureudun maahan, huudan äitini kielelle
Gimme Shelter!
omaa maatani minä puolustan.

Kuolevaksi julistettu

Syvälle haudattu

Undertaker

Kirjat nostavat minut lentoon.

Odotettavissa

ohutta yläpilveä ja suihkuvirtauksia.

Mahalaskuja siunatussa tilassa.

Otan Nässyn rannassa selfien.

Tunnen syksyn monin tavoin.

Olen ulkomaalainen

tässä sisämaakaupungissa.

Olen oppinut uimaan Nässyssä.

Tässä vieressä on rata,

jossa kävin 35 vuotta sitten vinttikoirakilpailuissa.

Keväällä istuin parin kivenheiton päässä

ihailemassa Paltsarien pääpeliä.

Portaat vievät suljetulle sairaalalle.

Ehdin sinnekin siunaamaan muutaman vainajan.

Entinen naapurintyttö asui täällä ennen kuin lähti

Orivedelle.

Tutut kulmat kurtussa,

olo jumalattoman vieras.

Katselen järvelle.

Se aukeaa Vilppulaan

ja kohti Toisveden syvää.

Jossain tuolla on kartan keltainen Paloselällä,

Jäminginselän tuulen mylläämä perukka.

Vedän rotsin vetoketjua ylemmäs.

Lähden kävelemään takaisin.

Instead of.

YÖN SILMÄT ÄKKISYVÄT

Henkilöjuna Seinäjoelle Haapamäen kautta

on myöhässä 75 minuuttia.

Myöhästymisen syynä eläimen alle jääminen.

Yritän kirjoittaa värin

jolla maalaamaani seinää voisin piristää

mustilla juovilla.

Se runo olisi valmis

ja kadotettu.

Päivä riisuu mekkonsa.

Vain tuuli tyyntyy yöksi.

Illan viimeinen runo jää roiskaisuksi

kuin nuorukaisen yritys.

Yö ottaa kyytiin

kysymättä määräasemaa.

On turha kattella Seinäjoen junaa.

Yöhoitaja käy kymmenen korvissa.

Hän aprikoi, kuinka usein tulee

vilkaista, olenko kuollut.

Selittää olevansa yläkerran hoitajia

ja tuntevansa siksi huonosti käytäntöjä.

Kerron, että uskon pärjääväni

 yläkerran hoitajan kanssa.

Alakerran jengi huolettaa sen edestä.

Hän sanoo ilmestyvänsä keskiyön lyöntien jälkeen.

Yön silmät äkkisyvät

päivään väsyneelle

ratkeamaton arvoitus.

Pimeä piirittää taloa.

Näen unta panssarilasin takana.

Mahtiankka kuulustelee.

Kun tunnustat,

saat kahvia ja tupakkaa!

Ahdistus pakottaa pinnalle.

Tuntuu hyvältä

herätä.

--->

Kello kiipeää kolmeen.

Tähän aikaan on hyödytöntä ajatella mitään.

Soperran rukouksen,

josta ei ole edes raapaleeksi.

Haluaisin ensi yönä Mahtiankan

panssarilasin toiselle puolelle.

Puoli neljä haluan kuolla.

Ihan kiva.

On päivä kirjoittaa

päästä pimeästä

yö huhuilla demoninsa kokoon.

Illasta aamuun kanssani.

Kuulen kuun

hiljaisen puheen rakkaudesta.

Häveliäästi riekaleiseen pilveen

verhoutuva kajo kaihtimessa

muistuttaa jostakin.

Käytävässä palava valo kumottaa oven alta.

Maailman ote ei kirpoa.

Heilu keinuni.

Päin aamua viskaatko minut

elämänkaarelle.

Sytytän kynttilöitä.

Marraskuun vastarintaliike.

Palavat sydämet valaisevat.

Lyhyet päivät venyvät

salaisuuksilla lastatuiksi,

yötä hitaasti taittaviksi

kuusitoistavaunuisiksi letkoiksi.

Ne kirskuvat pimeän halki

etuajo-oikeudella,

jakavat päivän kääntöpuolen osiin.

Runoilijalle soiviin osiin.

Syksyn toimivaltainen sade

painelee koskettimia

sattumanvaraisesti.

Pisaraholvissa olen piilossa paljolta.

Yöt vaativat lisää

levottomia katkelmia.

Mieleni myydään niiden markkinoilla

purkukuntoisena.

Hiljaisuuden desibelit huumaavat.

Musiikki sateen tauoissa.

HÄMEENKATU PUHUU

Autolla ajaminen on kielletty,

eikä seksi ole suotavaa.

Hiilijalanjälkeni pienenee,

vähäisiksi käyvät kaikkinaiset astumiseni.

Poliisi uskoo minuun.

Ei kahta viikkoa, niin stikkaavat mua breivillä.

Ajokorttiluokkani on alennettava.

Asia tulee hoitaa *viipymättä!*

ennen kuin livahdan kuorma-auton rattiin.

He luottavat!

että pystyn lukemaan postini.

He uskovat!

että kykenen varaamaan ajan ja saapumaan laitokselle

viipymättä!

Kai siellä on joku ovella huutamassa *mahtavaa!*

Ei ole.

Aulassa kyllä kerrotaan kuuluvasti,

että Paarlahti on nyt tullut Sorille asialle.

Kyseessä on julkinen palvelu.

Elämänvirta kateissa.

En löydä pistorasiaa,

vaikka toimitan taloani kissojen ja koirien kanssa.

Viilenevä kiuas naksuu,

odottaa

magneettikuvia

mesmerismiä

kraftwerkmeininkiä.

Minulla on kausikortti pääkatsomoon.

Eilen jaksoin kiinnostua

työpaikkani luottamusmiesvalinnoista.

Katsoin puhelimesta loppuviikon sään.

Iltapäivällä oli nälkä ja teki mieli pillua.

Aurinko on noussut ja lämmittää vähän.

Ystäväni kertoo lukeneensa

sairastumisensa kyljessä tulleessa kriisissä

kaksi romaania päivässä.

En yllä samaan.

Minut lasketaan alamittaisena takaisin.

Selviän vaivoin Taipaleenjoelta yli jatkosodan

vaarallisiin vuosiin.

Imen sanat ja kertomukset.

Etsin perimmäisiä kysymyksiä

joukkosidontapaikoilta.

Saan terveisiä töistä.

Poliklinikan hoitajat ovat huolehtineet kahvihuoneessa

einesruokani pakastimeen.

Jos he tulisivat kotiini,

he riisuisivat kenkänsä eteiseen.

Head games.

Jumalankaipuu

naisenkaipuu

kaipuu ylipäänsä.

Ne tulevat paketissa

etupäässä iltaöisin

terveen pään kaipuut

näkymättä päälle käyvät

instead of.

Lokakuu on tänä vuonna keltainen,

hehkeä ja raikas

liehakoi sille joka ymmärtää

elämän olevan kulkemista

tuonenvirran kaltailla

syksyjen pimenevän aina,

että heti rannassa humpsahtaaa uppeluksiin.

Käyn äänestämässä

seurakuntavaalien ensimmäisenä päivänä.

Vien kirjat lainastoon heti luettuani.

Uskottelen varautuvani kaikkeen.

Kätken huoleni pääasiassa

pimennysverhon taakse.

Hämeenkatu puhuu.

Ihmiset tekevät kaupungin
kauniiksi.

Mää meen ny Tokmannille ja sitte apteekkiin
ja sen jälkeen kotio

Kyä elämä on hianoo

Kiva nährä sutki henkissä!

Allekirjoitan paperit.
Ne ovat voimassa toistaiseksi.

JUMALA ON RUNOILIJA

En usko

mihinkään minulle varattuun tehtävään.

Aikaan,

joka ei ollut vielä.

On vain väylämerkkejä,

joiden mukaan täytyy ajaa.

Luottaa, että Jumala pitää

satumaapoikansa.

Hiljaisuus on kenties kauneinta musiikkia

Jumalan korville.

En ymmärrä

puhetta varjeluksesta.

Onko sitä

mikään,

kaikki?

Ehkä tämä on elämä.

Salarakas pikku julmuri.

Elämälle ei voi olla kiitollinen.

Jumalan keinussa käy päinsä kiukutella.

Elämä on hetkiä.

Kun poika valmistuu yliopistosta,

TPV nousee,

sinä jätät illalla

pyjamasi tyynyn alle.

Pysäytyskuvia.

Rakeisia,

sinne päin tarkentuneita.

Niistä kiinni ottamisessa tarkoitus.

Jumala on runoilija.

Pelkistää esiin elämän,

piilottaa sen rivinväleihin.

Hajoaa käsittämättömiksi lauseenpätkiksi.

Puhuu kielikuvin auringonnousussa.

Sinä olet missä tahdot

puhaltava Jumala.

Minut kastettu

hyvänpahanpataan.

Jumala,

kaikkeuden poikatyttö

vailla tulevaisuutta.

Olen kuva tuntemattomasta.

Kävelen kengännauhat tässä umpisolmussa.

Jumala on nyt,

vaikka en usko hänen olevan olemassa

niin kuin Stephen Kingin kirjat

tai Tammelan stadion.

Kuitenkin kuvittelen hänet

ulottuvilleni,

totuuden puristettavaksi

ja nautittavaksi tarvittaessa.

Täytyy mennä peilin eteen

ja etsiä venttiili.

Laskea ilmoillle arroganssia.

Minulla ei ole Jumalalle sanoja.

Ollaan vaiti

hän ja satumaapoika.

Sitten hänellä minulle yksi.

Syksyn mentyä

runoilijan on revittävä kirjoituksensa,

katsottava eteenpäin

ollakseen lankeamatta.

Seuraavat ne minua niinkin repaleista miestä.

Tampere-Mänttä

syyskuu 2018-tammikuu 2019

"Oletko aina ollut näin tuottelias?"

LUETTAVAA

– Bagge, Tapani: *Vaaran viehätys. Valitut kirjoitukset 1987–2015*. Turku 2015. Tarke.

– Bosquet, Alain: *Jumalan piina*. Suom. Sirkka Aulanko. Porvoo-Helsinki-Juva 1996. WSOY.

– Hosia, Eino: *Tuliholvin alla*. Romaani sodasta. 2. laitos. Helsinki 2005. SKS.

– Jokinen, Seppo: *Kuolevaksi julistettu*. Helsinki 2015. Crime Time.

– Kilpi, Marko: *Undertaker – Kuolemantuomio*. Helsinki 2017. Crime Time.

– Nummelin, Juri: *Yksityisetsivä*. Turku 2018. Kustantamo Helmivyö.

– Saaritsa, Pentti: *Yön soiva osa. Runoja*. Helsinki 2001. WSOY.

– Sipilä, Jarkko: *Syvälle haudattu*. Helsinki 2017. Crime Time.

& KUUNNELTAVAA

– Alatalo, Mikko: *Viimeinen juna*. Busola 2018.

–The Beatles: *Magical Mystery Tour* Capitol 1967.

– Cockburn, Bruce: *Stealing Fire*. True North 184.

– Foreigner: *40*. Rhino Atlantic 2017.

– Jussi & The Boys: *Unioninkatu 45*. Turenki Records 2018.

– Kraftwerk: Radio-activity. Capitol 1975.

– Rolling Stones: *Let It Bleed*. London Records 1969.

& MUITA

Raamattu, muu maailmankirjallisuus ja musiikki, vintiltä löytyneet vanhat jallut, farkkujen takataskuun jääneet TPV:n otteluohjelmat ja kaikenlaiset mielen muistiinpanot kuun pimeältä puolelta.

SISÄLLYS